Ilustraciones: Manuela Martín
Diseño gráfico: Mari Salinas
Diseño de cubierta: Natalia Rodríguez / Equipo Todolibro

© TODOLIBRO EDICIONES, S.A.
C/ Campezo, 13 - 28022 Madrid
Teléfono: 91 3009115
Fax: 91 3009110
www.todolibro.es

100

nombres
de animales
español-inglés

TODOLIBRO

gallo **cock**

gallina **hen**

pollo **chick**

pato **duck**

águila calva
bald eagle

escarabajo
beetle

pavo **turkey**

ocas **geese**

rebaño *flock*

liebre *hare*

pastor *shepherd*

cerdo *pig*

vaca *cow*

toro *bull*

caballo **horse**

oso **bear**

potro **foal**

yegua **mare**

carbonero
coal tit

burro **donkey**

cabra **goat**

cordero **lamb**

forro **fox**

oveja **sheep**

abeja **bee**

carnero **ram**

ternero **calf**

cisne *swan*

pajar *hayloft*

ratón *mouse*

castor *beaver*

perro pastor
sheepdog

poni *pony*

dálmata
dalmatian

perro **dog**

ratoncitos **mice**

gato siamés **Siamese cat**

conejo **rabbit**

tortuga
tortoise

hormiga
ant

ardilla *squirrel*

diablo de Tasmania
Tasmanian devil

coyote *coyote*

rana *frog*

alce *elk*

peces de colores
tropical fish

lechón piglet

gato cat

basilisco basilisk

topo mole

ciervo deer

cigüeña **stork**

pingüino real
royal penguin

pelícano **pelican**

jirafa **giraffe**

garza **heron**

leona lioness

gacela gazelle

charrán tern

hipopótamo
hippopotamus

chacal jackal

narval **narwhal**

pez mariposa
butterfly fish

delfín **dolphin**

rodaballo **turbot**

pez payaso
clownfish

tiburón **shark**

foca **seal**

ballena azul **blue whale**

beluga
beluga whale

morena
moray

orca **killer whale**

estrella de mar
starfish

atún **tuna**

coral **coral**

casuario
cassowary

martín pescador
kingfisher

guacamayo
macaw

quetzal
quetzal

dromedario
dromedary

monstruo de Gila
Gila monster

tapir malayo
malayan tapir

avestruz
ostrich

panda gigante
giant panda

órix oryx

mangosta mongoose

perrillo
de las praderas
prairie dog

leopardo
leopard

elefante elephant

guepardo cheetah

león lion

ortega
sand grouse

colibrí
hummingbird

correcaminos
roadrunner

ñu gnu

loro
parrot

gusano worm

lémur **lemur**

salamandra **salamander**

mapache **raccoon**

mofeta **skunk**

urraca **magpie**

canario
canary

ardilla voladora
flying squirrel

saltamontes
grasshopper

serpiente snake

gavial gavial

anaconda
anaconda

búho
owl

musaraña shrew

ayeaye aye-aye

erizo hedgehog

caracol snail

cocodrilo crocodile

ornitorrinco
platypus

canguro kangaroo

flamenco
flamingo

rinoceronte rhinoceros

oso polar
polar bear

camaleón
chameleon

buitre
vulture

morsa
valrus

caballito de mar
sea horse

fénec
fennec fox

jerbo *gerbil*

equidna
echidna

escorpión
scorpion

cebra *zebra*

serpiente de cascabel
rattlesnake

boa *boa*

orangután
orangutan

koala
koala bear

tigre *tiger*

armadillo
armadillo

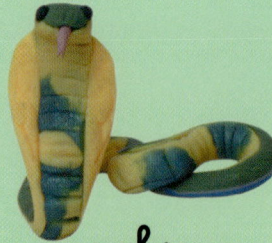

cobra
cobra

mono narigudo
long-nosed monkey

jaguar *jaguar*

hiena *hyena*

tucán *toucan*

serpiente de coral
coral snake

macaco
macaque

gibón *gibbon*

perezoso
sloth